Muskelaufbau für Anfänger

Mit der richtigen Ernährung und einer durchdachten Trainingsplanung zu mehr Muskeln, Selbstbewusstsein und Wohlbefinden

Thomas Rösing

⫴ INHALT

Das erwartet Sie in diesem Buch

Sie wollen Muskeln aufbauen, ohne dabei an Fett zuzunehmen, trainieren jeden Tag, können aber keinen Unterschied ausmachen, oder machen seit geraumer Zeit eine Diät, aber nehmen nicht ab? – Jetzt ist Schluss damit. Mit dem Kauf dieses Ratgebers haben Sie die Entscheidung getroffen, mit der richtigen Ernährung Muskeln aufzubauen und in einen gesunden neuen Lifestyle zu starten. Heutzutage haben jeder Fachmann und jeder Laie unterschiedliche Ansätze, wenn es um das Thema Ernährung zum Muskelaufbau geht. Aus diesem Grund fällt es den meisten Menschen schwer, den richtigen Weg einzuschlagen.

Das Ziel dieses Ratgebers ist es also nicht, Ihnen den einen Weg zum Traumkörper aufzuzeigen. Im Gegenteil: Dieser Ratgeber wird Ihnen ein Wegweiser mit hilfreichen Tipps und Informationen zum Thema Ernährung und Muskelaufbau sein. Sie erfahren alles über die Basics der Ernährung und des Trainings, über Superfoods und Ernährungsfallen und über die häufigsten Fehler beim Muskelaufbautraining und der damit zusammenhängenden Ernährung.

Hierbei wird auch zwischen Mann und Frau unterschieden. Am Ende werden Sie genug Wissen gesammelt haben, um sofort in Ihr Training starten zu können. Sie werden eine Idee davon bekommen, wie viele und vor allem welche Vorteile das Krafttraining, die Ernährungsumstellung und der damit zusammenhängende neue Lifestyle mit sich bringen. Das Training wird sich auszahlen und Sie werden nicht mehr deprimiert, hungrig oder ratlos sein. Sie werden selbstbewusster, fitter und disziplinierter in Ihren Alltag starten.

Das richtige Mindset für Ihren Erfolg

Schweiß, Blut und Tränen – Sie geben alles für Ihren Traumkörper und sind aufgeregt, endlich das gewünschte Ergebnis zu sehen. Wenn das gewünschte Ergebnis aber nach einigen Wochen noch nicht zu erkennen ist, sich der harte Kampf und der Verzicht auf Süßigkeiten oder Fast Food nicht auszahlen und die anfängliche Motivation nicht mehr vorhanden ist, dann sind Sie an einem Punkt angekommen, an dem es unglaublich wichtig ist, dass Sie sich pushen und nicht aufgeben. Die richtige Einstellung ist der Grundbaustein und letztendlich das, worauf es ankommt, wenn Sie Ergebnisse sehen wollen. Was können Sie also tun, um Ihre Motivation aufrechtzuerhalten?

Anfangs müssen Sie sich genau im Klaren darüber sein, welche Ziele Sie mit dem Training erreichen möchten. Ein Ziel könnte zum Beispiel lauten: „Disziplinierter werden", „Selbstbewusster auftreten können" oder auch einfach „Gut aussehen". Dieses eine Ziel müssen Sie sich immer wieder vor Augen führen und sich in Erinnerung rufen, warum Sie diesen Weg eingeschlagen haben. Aufzuhören darf keine Option sein, denn sonst werden Sie sich irgendwann am selben Punkt wiederfinden. Der Kraftsport, Ernährung und das damit zusammenhängende Muskelwachstum sind nur ein Werkzeug und somit Mittel zum Zweck. Sie allein und Ihre langfristige Disziplin machen den Unterschied.

Fehlt Ihnen die Motivation nach einem langen Arbeitstag in das nächste Fitnessstudio zu fahren und noch mindestens 45 Minuten zu trainieren? Verständlich, schließlich haben Sie nicht nur Ihren Körper, sondern auch Ihren Geist den ganzen Tag belasten müssen. Es gibt Wege und Mittel, wie Sie dieses Problem angehen können. Zum Beispiel könnten Sie morgens vor der Arbeit oder in Ihrer Mittagspause zum Sport gehen. Wenn Ihnen der Weg in das Fitnessstudio zu weit ist, gibt es auch die Alternative, zu Hause zu trainieren und sich eventuell eine kleine Kraftstation einzurichten. Diese Alternative erspart Ihnen auf jeden Fall wertvolle Zeit, welche Sie vielleicht sogar für ein längeres Training nutzen können. Allerdings müssen Sie hierbei beachten, dass Sie sich als Anfänger auf jeden Fall vorher belesen und beraten lassen sollten. Speziell bei den Übungen kann eine falsche Ausführung fatale Auswirkungen mit sich bringen. Mit der Zeit werden Sie Ihre Fehler auch selbst erkennen.

Sie müssen lernen zu verstehen, dass das Muskelwachstum ein langer Prozess ist und dass dieser Prozess kein Ende nehmen wird. Klar, irgendwann werden Sie an einem Punkt angelangt sein, an dem Sie zufrieden mit Ihrem Körper sind. Ihr Ziel wird es dann sein, Ihren Körper zu erhalten, weshalb Sie zwar Ihr Training umstellen werden, allerdings ist dies mit genauso viel Verzicht und Disziplin verbunden wie das Muskelaufbautraining. Der Prozess ist geprägt von Höhen und Tiefen, von Erfolgen und

Niederlagen und von viel Schweiß, Blut und Tränen. Der Kraftsport ist kein alleinstehendes Element. Es ist vielmehr ein Lifestyle, den man sich aneignet. Es ist essenziell wichtig, dass Sie sich Ihr Ziel immer wieder vor Augen führen, denn es gibt kein Start- und Endpunkt, geschweige denn eine Aufgabe, die Sie abschließen können. Die meisten Menschen nehmen sich ihr eigenes Gewicht als Ausgangspunkt für das verfolgte Ziel. Das Endgewicht sollte aber auf keinen Fall Ihr Ziel sein, denn es ist nicht aussagekräftig. Das Gewicht ist nur eine Zahl, welche tagesformabhängig ist. Diese Zahl unterscheidet aber nicht von Muskel- und Fettmasse, denn Muskeln wiegen mehr als Fett. Aus diesem Grund kann es sogar passieren, dass Sie kaum an Gewicht verlieren werden oder die Zahl sogar steigen wird. Wie bereits erwähnt, ist der Muskelaufbau ein immer andauernder Prozess. Sie denken nun wahrscheinlich: „Wie soll ich mein Ziel denn jemals erreichen?".

Nun ja, nur weil es ein andauernder Prozess ist, bedeutet das für Sie nicht, dass Sie keine Ergebnisse sehen werden oder Sie Angst haben müssen, dass sich Ihr hart erarbeiteter Körper zurückbildet. Mit

Muskeln ist es aber nun einmal so, dass sie lange zum Wachsen brauchen, sich aber sehr schnell zurückbilden. Sie dürfen sich Auszeiten nehmen und manchmal einen schlechten Tag haben, das ist völlig normal und der Körper braucht diese Pausen, aber Sie müssen Ihren Lifestyle, den Sie sich aneignen werden, weiterleben. Sie werden im Verlauf des Lesens noch erfahren, wie wichtig Pausen tatsächlich sind und wie das perfekte Verhältnis zwischen Training und Pause aussieht.

Merken Sie sich: Ohne das richtige Mindset bringen Ihnen das beste Training und die beste Ernährung nichts.

SEIEN SIE OPTIMISTISCH!

Haben Sie jemals von einem erfolgreichen Menschen „Ich kann das nicht" oder „Das schaffe ich nicht" gehört? Die Antwort ist nein. Sie sind Ihr eigener Feind und Freund. Entscheiden Sie sich bewusst dafür, immer positiv zu denken und mentale Stärke zu beweisen. Sagen Sie sich „Ich schaffe das" und wenn es an dem Tag nicht funktioniert, dann wird es am nächsten Tag funktionieren. Sie müssen an sich glauben. Der Tag war stressig und Sie sind genervt? Dann lassen Sie beim Sport all Ihren Frust heraus. Sie schaffen heute nicht das Gewicht des letzten Mals? Dann werden Sie es beim nächsten Mal schaffen! Sie sind gesundheitlich angeschlagen? Dann gönnen Sie Ihrem Körper eine Pause und fangen Sie ruhig wieder an. Es gibt keine Ausreden, um in einen gesunden Lifestyle zu starten. Führen Sie eine positive Beziehung zu Ihrem Körper, um Ihren Erfolg zu bestimmen und somit Ihr lang anhaltendes Mindset unter Beweis zu stellen. Sie sind Ihr eigener Chef in dieser Angelegenheit!

Die Basics des Muskelaufbautrainings

DER MUSKEL

Prinzipiell besteht der Muskelaufbau aus den folgenden Bausteinen: Ernährung, Training und Regeneration. Fangen wir mit den Grundlagen des Trainings an:

Um richtig zu trainieren, ist es wichtig, sich das Basiswissen anzueignen und zu verstehen, wie der Muskel funktioniert. Der Mensch hat mehr als 600 verschiedene Muskeln, ohne die wir nicht funktionsfähig wären. Der Fachbegriff für das Muskelwachstum ist „Hypertrophie". Dies bedeutet eine Vergrößerung des Muskelquerschnitts, aber nicht die Zunahme der Anzahl von Muskelzellen. Die Hypertrophie ist für einen größeren, stärkeren und leistungsfähigeren Muskel verantwortlich. Die Grundbausteine des Muskels sind Proteine, welche aus über 100 Aminosäuren aufgebaut sind. Der normale tägliche Bedarf liegt bei ca. 0,8 Gramm pro Kilogramm Körpergewicht. Für den Muskelaufbau ist ein Proteinüberschuss bzw. eine erhöhte Zufuhr an Proteinen nötig, was zum Beispiel durch Nahrungsergänzungsmittel, wie Proteinpulver, herbeigeführt werden kann.

Wenn der Muskel über sein eigentliches Leistungsniveau strapaziert wird, entsteht ein sogenannter Wachstumsreiz, welcher Proteineinlagerungen bewirkt, was wiederum zu der Verdickung von Muskelfasern führt. Somit nimmt der Muskel an Volumen zu und infolge des Kraftzuwachses erhöht sich die Stoffwechselaktivität. Trainieren Sie über diesen Schwellenwert hinaus, kann es zu Mikrotraumata kommen. Diese sind minimale Verletzungen der Muskelfasern und unter dem Namen „Muskelkater" bekannt.

WARUM KRAFTTRAINING?

Kraftsport und das damit einhergehende Muskelwachstum hilft nicht nur beim Abbau von Fett, sondern stärkt auch den gesamten Halteapparat. Somit können Sie Schmerzen nicht nur vorbeugen, sondern diese auch verringern. Sie stärken Bänder, Sehnen und Knochen und können chronischen Schmerzen entgegenwirken. Sie können gezielt Beschwerden entgegenwirken, indem Sie sich auf die Stärkung einzelner Muskelgruppen konzentrieren. Die kräftige Muskulatur stabilisiert nicht nur die Gelenke, sondern entlastet sie auch und Sie beugen Verletzungen vor.

Gerade im Alter ist der Verlust an Muskelkraft normal, weshalb es umso wichtiger ist, aktiv dagegen vorzugehen und dem entgegenzuwirken. Auch auf das Herz-Kreislauf-System und den Blutdruck hat das Krafttraining einen positiven Einfluss. Belastungen im Alltag werden Ihnen leichter fallen, weshalb sich auch Ihre Kreislaufregulation anpassen wird. Bekanntlich hilft das Krafttraining bei der Gewichtsreduktion, denn abzunehmen, ohne dabei an Muskeln zuzunehmen, funktioniert nur mit radikalen Methoden. Der Fettstoffwechsel wird aktiviert und Kalorien werden somit schnell abgebaut. Die Reduktion von Fett und der Kraftzuwachs sowie die verbesserte Körperhaltung und die neue Körperform wirken sich natürlich positiv auf die Psyche aus und bringen somit Motivation für weiterführendes Training mit sich. Kraftsport bringt somit nicht nur ästhetische Aspekte mit sich, sondern auch gesundheitliche.

Zusammenfassend bietet das Krafttraining also Folgendes:
- Verbesserung der Körperhaltung
- Reduktion der Verletzungsanfälligkeit
- Positive Auswirkungen auf das Herz-Kreislauf-System
- Positive Effekte auf den Bewegungsapparat
- Verlangsamung des Alterungsprozesses
- Effektive und schnelle Fettverbrennung
- Stärkung der Gelenke, Bänder und Sehnen
- Muskelwachstum
- Leistungsfähige Psyche
- Etc.

ZIELSETZUNG & METHODEN

Man kann das Krafttraining auf verschiedene Methoden aufteilen:

Maximalkrafttraining:
- Dient zum Muskelaufbau und Kraftzuwachs
- Besteht aus den Methoden: Muskelaufbautraining und intramuskuläres Koordinationstraining
- Nicht für Anfänger geeignet
- Explosive Bewegungsausführung
- Hohe Gewichte – starke Belastung (80 bis 100 %)
- 4 bis 10 Serien & 1 bis 5 Wiederholungen
- Kein Dickenwachstum des Muskels!

Schnellkrafttraining
- Kraftpotenzial auf technisch hohem Niveau nutzen
- Verbesserung der Muskelkontraktionsgeschwindigkeit (= Schnellkraft)
- Fähigkeit des Muskels, innerhalb kurzer Zeit möglichst großen Kraft-Impuls zu erzeugen
- Grundlage ist eine ausgebildete Maximalkraft
- 3 bis 5 Sätze pro Übung & 5 bis 8 Wiederholungen
- Gewicht so schnell wie möglich aus Ausgangsposition heraus bewegen.

Kraftausdauertraining

- 2 – 4 Serien &. 20 – 25 Wiederholungen
- Belastung bis zu 50 %
- Verbesserung der Ermüdungswiderstandsfähigkeit
- Hohe Kraftleistung auf langen Zeitraum
- Geringe Intensität
- Kurze Pausen
- Langsame und saubere Bewegungsausführung
- Kurbelt Fettverbrennung an.

Zusammenhängend mit diesen Methoden müssen Sie sich Gedanken machen, welche Muskelgruppen Sie in welchem Trainingsumfang trainieren wollen. Für Anfänger empfiehlt sich das konventionelle **Ganzkörpertraining.** Hierbei werden in jeder Trainingseinheit alle Muskeln des Körpers trainiert. Maximal zwei Übungen pro Muskelgruppe werden hierbei ausgeführt. Anfänger mit weniger als sechs Monaten Praxis sollten sich erstmal auf 1 bis 2 Trainingseinheiten in der Woche beschränken. Danach können Sie sich auf zwei- bis dreimal pro Woche steigern und nach einem Jahr können Sie vier- bis sechsmal die Woche trainieren.

Wollen Sie gleich am Anfang mehr als zweimal trainieren, sollten Sie auf die **2er-Split-Methode** zurückgreifen. Hierbei werden die Muskeln auf zwei unterschiedliche Trainingseinheiten aufgeteilt. Oft werden auch hier zwei Übungen pro Muskelgruppe ausgeführt, weswegen sich das Trainingsvolumen erhöht. Sie können mit zwei- bis dreimal Training die Woche einsteigen und sich nach sechs Monaten steigern. Sie haben sogar die Möglichkeit, zwei aufeinanderfolgende Tage zu trainieren, wenn Sie die **Push-/Pull-Methode** nutzen.

Diese bietet Ihnen die Vorteile eines häufigen Trainings der einzelnen Muskelgruppen und eine hohe Auslastung. Wie der Name schon sagt, wird das Training in „Push" (Drücken) und „Pull" (Ziehen) unterteilt. Das heißt an dem „Push"-Tag liegt Ihr Fokus auf der Brust, dem Trizeps und den Schultern. Hierbei sind Übungen wie Bankdrücken, Squats, Schulterdrücken und French Press beliebt. Der „Pull"-Tag beschäftigt sich mit den Muskelgruppen: Rücken, hintere Schulter und den Bizeps. Die Regeneration ist hierbei von großem Vorteil, da Sie zwischen den Push- und Pull-Tagen einen „Legday" einbauen können. So kann sich einzelne Muskelgruppen bis zu 48 Stunden regenerieren. Natürlich gibt es noch mehr Methoden als diese. Zum Beispiel sollten sich Anfänger vor allem mit der Überlastungsmethode und dem Pyramidentraining auseinandersetzen. Diese stellen grundlegende Trainingsprinzipien dar.

Andere Methoden, wie beispielsweise Intensiv-Wiederholungen, abnehmende Sätze, Tri-Sets, 3er-Split, 4er-Split, 5er- oder 6er-Split, Höchstkontraktion, Supersätze und so weiter, helfen den Fortgeschrittenen, ihre Trainingsintensität zu steigern. Es würde wenig bringen, Ihnen alle Trainingsmethoden im Detail zu erläutern, denn Sie müssen letztendlich herausfinden, welches Training Ihnen Spaß macht und können sich dann informieren, wie man das Training ausbauen kann.

REGELMÄSSIGKEIT DES TRAININGS

Grundsätzlich unterscheiden sich Anfänger von Fortgeschrittenen. Steigen Sie gerade erst in das Training ein, ist es am sinnvollsten, mit zwei- bis dreimal pro Woche anzufangen. Fortgeschrittene Sportler trainieren teilweise fünf- bis sechsmal in der Woche, da sie, um weiterhin Muskelwachstum zu erreichen, mehr bzw. öfter trainieren oder ihren Trainingsplan auf mehr Übungen mit mehr Sätzen pro Einheit umstellen müssen. Ab einem bestimmten Leistungsstand kommt man nicht mehr drumherum, die Trainingshäufigkeit zu erhöhen, damit die Dauer des Trainings in einem akzeptablen Bereich bleibt. Ihr Training sollte oft genug stattfinden, um immer wieder neue Reize zu setzen, aber selten genug, um den Körper regenerieren zu lassen. Wichtig ist, dass sich das Belastungsgefüge im Einklang befindet. Dieses setzt sich aus der Trainingsfrequenz (Häufigkeit), Trainingsintensität, Trainingsgewicht, Wiederholungszahl, Satzpausen und dem Trainingsvolumen zusammen.

Trainingsvolumen: Sätze pro Trainingseinheit für einen Muskel. Bei zwei Übungen á zwei Sätzen wäre das Volumen 4 Sätze.

Trainingsintensität: Je intensiver Ihr Training, desto länger ist Ihre notwendige Regenerationszeit. Trainiert man zum Beispiel mit einem Trainingspartner, kann dieser die eine oder andere Wiederholung noch durch Hilfestellung unterstützen.

RUHETAGE

Die Wichtigkeit der Ruhetage haben Sie mittlerweile sicher verstanden. Wenn Sie sich trotzdem hibbelig fühlen und den Drang verspüren, sich an diesen Tagen körperlich zu verausgaben, dann können Sie Verschiedenes in Ihren „Restday" einfließen lassen. Denn der Restday bedeutet nicht, dass Sie nur untätig herumsitzen müssen. Im Gegenteil: Sie können Ihre Mobilität verbessern, Ihr Mindset stärken, andere Sportarten zur Abwechslung probieren und / oder sich entspannen beim Pilates / Yoga oder Meditation.

• Grundsätzlich sollten Sie darüber nachdenken, sich eine Faszien-Rolle anzuschaffen. Die sogenannte Blackroll ist ein beliebtes Regenerationsinstrument, welches häufig Schmerzen verursacht, sie aber auch im gleichen Zuge bekämpft. Es ist eine Hassliebe. Die verklebte Muskulatur kann gelockert werden und die Muskeln entspannen sich. Sie werden sich auf Dauer fitter fühlen, auch wenn es im Moment des Rollens wehtut. Langfristig verbessern Sie dadurch Ihre Beweglichkeit, Ihre Durchblutung und die Regeneration Ihrer Muskeln.

• Probieren Sie etwas Neues aus: Yoga / Meditation oder Pilates. Männer dürfen sich auch angesprochen fühlen! Es geht hier vor allem darum, sich bewusst zu bewegen und ganz wichtig: Ihre Atmung zu kontrollieren. Durch Yoga lassen sich Muskelverkürzungen und somit auch Verletzungen vermeiden. Sie können nicht nur Ihren Körper entspannen, sondern auch Ihren Geist. Sie sollen sich aber auf keinen Fall verausgaben müssen und sich im besten Fall nur etwas dehnen. Langfristig gesehen kann Ihnen vor allem das Meditieren bei der alltäglichen Stressbewältigung helfen.

• Natürlich können Sie sich auch in anderen Sportarten versuchen, wie zum Beispiel Rückschlagsportarten, wie beispielsweise Badminton oder Tischtennis. Achten Sie hier wieder darauf, sich nicht zu verausgaben und nur zum Spaß zu spielen.

• Gehen Sie spazieren und lassen Sie Ihre Seele an der frischen Luft baumeln. Natürlich macht das bei gutem Wetter mehr Spaß als bei schlechtem, aber auch die kühle Herbst- oder Winterluft kann etwas Spezielles haben. Lassen Sie sich einfach darauf ein.

• Nehmen Sie sich Zeit für Dinge, die Sie sonst nicht schaffen oder auf die Sie aufgrund des Trainings eventuell sogar verzichten müssen. Lesen Sie ein Buch oder schlafen Sie länger. Legen Sie sich in die Badewanne, denn auch Wärme hilft enorm bei der Erholung der Muskeln.

Sehen Sie den Restday auf keinen Fall als etwas Negatives an, denn er wird Ihr Ziel nicht verhindern. Im Gegenteil: Lassen Sie den Restday aus und überlasten Ihre Muskulatur, fallen Sie definitiv in Ihrem Training zurück, denn höchstwahrscheinlich wird sich daraus eine Verletzung ergeben. Der Restday ist ein Schutz für Ihren Körper!

SÄTZE UND PAUSEN

Von jeder Übung sollten Sie anfangs drei bis fünf Sätze anvisieren. Mit fortschreitendem Niveau sollten Sie dann eher eine Übung mehr in den Plan aufnehmen als noch einen Satz. Trotzdem sind alle Zahlen nur Richtzahlen, denn auch hier kommt es auf die Trainingsmethode an, an die Sie Ihre Satzanzahl anpassen müssen.

Die Pausen zwischen den Sätzen sollten je nach Schwierigkeitsgrad eine bis fünf Minuten dauern.

HÄUFIGE FEHLER

1. Falsche Technik beim Training

Die falsche Ausführung von Übungen kann viele Ursachen haben und viele Folgen mit sich bringen. Sie riskieren nicht nur eine Verletzung, sondern auch Langzeitschäden. Schlussendlich führt dies zu Dysbalancen, Schmerzen und eventuell zu einer schlecht proportionierten Figur.

2. Zu wenig Training

Sie machen zu viele Pausen oder sind schlichtweg zu faul. Sie müssen sich motivieren, heute anzufangen und nichts aufzuschieben. Richten Sie sich nach dem Motto: „Was du heute kannst besorgen, das verschiebe nicht auf morgen".

3. Zu viel Training

Sie möchten mehr, als Ihr Körper leisten kann. Besonders am Anfang sollten Sie darauf achten, Ihren Körper nicht überzustrapazieren. Fehlende Regeneration kann sich fatal darauf auswirken, langfristig Muskulatur aufzubauen und fit zu werden.

4. Falsche Körperhaltung

Halten Sie Ihren Rumpf stabil. Spannen Sie Ihren Bauch bei der Ausführung der Übungen an. Straffen Sie Ihre Schultern. Auch eine schlechte Körperhaltung kann zu Verletzungen und Fehlfunktionen führen. Trainieren Sie immer mit einem geraden Rücken und achten Sie darauf, auf keinen Fall in ein Hohlkreuz zu geraten.

5. Falscher / fehlender Trainingsplan

Ohne Trainingsplan zu trainieren, ist einer der größten Fehler, den Sie machen können. Nicht nur, dass es passieren kann, dass Sie völlig planlos im Fitnessstudio stehen und nicht wissen, welche Übungen Sie für welche Muskelgruppe brauchen, nein, viel schlimmer ist, dass Sie höchstwahrscheinlich nicht auf die Anzahl Ihrer Sätze und Wiederholungen achten werden. So lässt sich langfristig kein Ziel erreichen. Sie müssen minimalistisch denken, denn zu viel wird Sie auch nicht voranbringen.

6. Zu viele Übungen für ein Training

Ein gut aufgebauter Trainingsplan beinhaltet zwischen 5 und 10 Übungen. Sie müssen ein gesundes Mittelmaß für sich finden. Auch hier gilt: Fangen Sie klein an und steigern Sie sich langsam.

7. Zu viele Wiederholungen

Viele Wiederholungen werden Ihnen beim Aufbau von Muskeln kaum helfen. Der Grund, warum Frauen meist weniger Gewichte nehmen, ist nicht der, dass sie mehr nicht schaffen würden. Frauen nehmen weniger Gewicht, um mehr Wiederholungen zu schaffen. Ein Muskelwachstum erreichen Sie, indem Sie mit Ihrem maximalen Gewicht 3 – 4 Sätze mit jeweils 8 – 12 Wiederholungen machen. Was über diese Wiederholungen hinaus geht, egal, ob maximales Gewicht oder nicht, bewirkt eine bessere Kraftausdauer und wird kaum optischen Effekt mit sich bringen.

8. Zu wenig Gewicht

Wenn Ihnen die letzten Wiederholungen eines Satzes nicht schwerfallen und Sie ganz locker noch ein bis zwei mehr machen könnten, dann nehmen Sie zu wenig Gewicht. Wenn Sie Ihre Leistung steigern wollen, ist es wichtig, das Gewicht immer wieder Ihrem Leistungsstand anzupassen. Sie müssen bei jedem Training an Ihre Grenze gehen.

9. Zu viel Gewicht

Es bringt Ihnen absolut nichts, wenn Sie eine Wiederholung mit mehr Gewicht als andere schaffen. Zu viel Gewicht führt bei den Übungen automatisch zu einer unsauberen Ausführung. Wenn Sie also merken, dass Ihre Technik unter dem zu hohen Gewicht leidet, dann nehmen Sie ein paar Kilo von der Stange und seien Sie geduldig.

10. Nur an Geräten trainieren

Haben Sie keine Angst vor freien Gewichten. Die Geräte werden Ihnen zwar auch beim Muskelaufbau behilflich sein, allerdings geht es wesentlich schneller mit freien Gewichten, denn hierbei werden wesentlich mehr Muskelgruppen stimuliert, Sie verbrennen mehr Kalorien und trainieren gleichzeitig noch Ihre Koordination.

11. Unpassende/fehlende Kleidung

Es gibt wichtigere Sachen als das Aussehen beim Sport, allerdings sollten Sie sich wohlfühlen in Ihrem Outfit, denn auch das steigert Ihre Motivation. Des Weiteren ist es eher kontraproduktiv, sich in die engste Hose oder den engsten Pullover zu quetschen, weil er gut aussieht, denn wenn Sie nach jedem Satz an sich herumzupfen und erst einmal Ihre Kleidung richten müssen, dann schränkt es auch Ihr Bewegungsausmaß ein. Natürlich sollte Ihre Kleidung atmungsaktiv sein und auf keinen Fall scheuern. Bequeme und funktionelle Kleidung muss nicht immer teuer und von der besten Marke sein. Denken Sie daran: Sie müssen niemandem anderen gefallen als sich selbst.

Tatsächlich kann auch unpassendes Schuhwerk ein Störfaktor beim Krafttraining sein. Schuhe mit einer Erhöhung an der Ferse haben nichts beim Training zu suchen. Sie zerstören die Stabilität im Fußgelenk. Sie sollten am besten ohne Schuhe und auf Socken trainieren. Es gibt auch sogenannte Barfußschuhe oder sie achten darauf, keine erhöhten Schuhe zu nehmen.

12. Zu viel Ausdauer

Das Aufwärmen vor dem Training ist wichtig. Allerdings sollte daraus keine Kardio-Einheit werden. Sie ermüden Ihren Körper vorher nur und steigern dadurch Ihr Verletzungsrisiko. Sie sollten die Kardio-Einheit entweder anschließend an Ihr Krafttraining machen oder am Anfang für nicht mehr als 10 Minuten.

13. Fehlende Aufwärmung

Sie müssen sich mental und körperlich auf Ihr Training vorbereiten. Sie riskieren unnötige Verletzungen ohne Aufwärmung. Auch das spezifische Aufwärmen vor jeder einzelnen Übung ist wichtig. Ihre Aufwärmung sollte zwischen 10 und 20 Minuten andauern.

14. Fehlendes Cool-Down

Viele vergessen, dass der Stoffwechsel heruntergefahren werden muss und die Muskulatur nochmal ordentlich durchblutet werden sollte. So leiten Sie die Regeneration ein. Dynamisches Dehnen oder ganz lockeres Auslaufen auf dem Laufband für 5 bis 10 Minuten sind von großer Bedeutung.

15. Nicht genug Schlaf / zu viel Stress

Ihr Mindset ist der Grundbaustein Ihres Trainings. Achten Sie darauf, mindestens acht Stunden Schlaf in der Nacht zu bekommen und versuchen Sie herauszufinden, was Sie in Ihrem Alltag stresst und fahren Sie diese Faktoren nach und nach herunter.

16. Zu wenig getrunken

Es ist nicht nur wichtig, wie viel Sie trinken, sondern auch, was Sie trinken. Trinken Sie zu wenig, berauben Sie Ihren Körper der Chance, sein volles Potenzial auszuschöpfen. Stoffwechselvorgänge werden ohne ausreichende Flüssigkeit gehemmt und laufen nicht mehr optimal ab. Trinken Sie nicht erst, wenn Sie durstig sind! Das ist das Signal Ihres Körpers, dass es eventuell schon zu spät ist und Ihre Leistungsfähigkeit somit beeinträchtigt wurde.

In der Stunde vor Ihrem Work-out sollten Sie mindestens 0,5 Liter zu sich nehmen, um nicht zu dehydrieren, denn bei einem intensiven Training verliert Ihr Körper bis zu einem Liter Schweiß. Greifen Sie während Ihres Trainings am besten zu Wasser oder einem isotonischen Sportgetränk. Dieses ersetzt noch während des Trainings die ausgeschwitzten Mineralien und spendet durch enthaltene Kohlenhydrate direkt neue Energie. Einige Studien weisen darauf hin, dass der Körper durch das Zuführen von Flüssigkeit mehr Kalorien verbrennen soll, da sich die Stoffwechselrate erhöht. Beim Schwitzen verliert der Körper nicht nur Wasser, sondern auch notwendige Mineralstoffe. Aus diesem Grund ist es wichtig, dem Körper diese Mineralstoffe schnellstmöglich wieder zuzuführen. Ein geeignetes Pre-Work-out Getränk wäre eine Flasche Cola, da Koffein circa 30 bis 60 Minuten nach dem Verzehr die Koordination verbessern kann. Auch nach dem Training sind süße Softgetränke eine Option, da der Zucker dieser Getränke schnell als Glukose in die Blutbahnen gelangt und von dort zu den Muskelzellen transportiert wird.

17. Zu wenig Kalorien / zu großes Kaloriendefizit

Ein Kaloriendefizit bedeutet grundsätzlich, dass Sie mehr Kalorien verbrennen, als Sie zu sich nehmen. Dieses Defizit wird angewendet, um den Körper zu definieren und an Fett abzunehmen. Allerdings hilft Ihnen das Kaloriendefizit beim Krafttraining nicht weiter. Im Gegenteil! Ihr Körper braucht eine hohe

Kohlenhydrat- und Proteinzufuhr. Das Defizit sorgt für eine schlechtere Regeneration und den Abbau der vorhandenen Muskelmasse. Aber Stopp! Das bedeutet nicht, dass Sie nicht darauf achten müssen, wie Sie sich ernähren. Die Ernährung ist neben dem Mindset und dem Training der wichtigste Baustein eines erfolgreichen Trainings!

18. Fehlende Abwechslung

Nicht nur Ihr Körper, sondern auch Ihre Psyche braucht neue Reize. Immer die gleichen Übungen und derselbe Trainingsablauf werden irgendwann langweilig. Nach spätestens 10 bis 12 Wochen sollten Sie Abwechslung in Ihren Plan bringen, zum Beispiel mit neuen Herausforderungen.

19. Falsche Reihenfolge der Übungen

Sie müssen mit den komplexen Übungen für die großen Muskelgruppen, wie Rücken und Beine, anfangen. Diese erfordern nämlich weitaus mehr Konzentration und Energie als zum Beispiel der Bizeps. Es wird schwer, die maximale Leistung abzurufen, wenn Sie mit den kleinen Muskelgruppen anfangen oder zwischen den Muskelgruppen wechseln. Sie ermüden dadurch Ihre Hilfsmuskeln, welche wichtig zur Hilfe der kleinen Muskelgruppen sind.

20. Falsche Satzpausen

Die Pausen zwischen den einzelnen Sätzen sind enorm wichtig, um neue Energie zu sammeln und den Körper zu entspannen. Jedoch sind zu lange Pausen auch nicht hilfreich, da sich der Körper herunterkühlt. Die Pausendauer liegt im Bereich zwischen 45 und 120 Sekunden. Alles dazwischen liegt im Norm-Bereich und kann ausgenutzt werden.

21. Keine Steigerung

Verlassen Sie Ihre Komfortzone! Sie werden sich im Umgang mit den Gewichten immer sicherer fühlen und das muss auch so sein. Aber es ist von großer Wichtigkeit, dass Sie sich immer weiter steigern und sich immer neue kleine Ziele auf dem Weg zum großen Ziel setzen. Mehr Wiederholungen, weniger Satzpausen und mehr Gewicht werden Sie zu Ihrem Ziel führen.

22. Falsche Ernährung

Es ist wohl eines der wichtigsten Dinge im Leben: unsere Ernährung. Vegan, vegetarisch, glutenfrei und noch vieles mehr. Von der Low-Carb-Diät bis hin zum Intervallfasten: Heutzutage weiß man gar nicht mehr, wo man anfangen soll. Eine „falsche Ernährung" in dem Sinne gibt es auch nicht. Es gibt aber die ungesunde Ernährung und auf diese sollten Sie auf jeden Fall verzichten. Auf das Thema Ernährung kommen wir aber noch ausführlicher in einem späteren Kapitel zu sprechen.

Achten Sie grundsätzlich auf proteinreiche Ernährung nach dem Training.

23. Nikotin und Alkohol

Diese „Genussgifte" sind ein klares Tabu in Verbindung mit Kraftsport. Sie werden nicht nach einem Schluck Alkohol in einen Trainingsrückstand geraten und auch eine Zigarette wird Sie nicht sofort zurückwerfen. Da es aber meist nicht nur bei einem Schluck, einem Zug oder einer Zigarette bleibt, müssen sie weitestgehend auf den Konsum verzichten. Nur durch die optimale Ernährung, das optimale Training, die optimale Regeneration und den

Verzicht auf jegliche Hemmfaktoren, wie Drogen, Alkohol und Nikotin werden Sie Ihr Ziel erreichen. Alkohol wirkt sich tatsächlich negativer auf den Körper aus als Nikotin, wenn es um das Thema Krafttraining geht, denn Alkohol liefert Kalorien, welche absolut keinen Mehrwert für den Körper haben und keine essenziellen Nährstoffe bieten. Somit liefert ein Bier zum Beispiel knappe 170 Kalorien. Verbunden mit dem Heißhunger auf salzige und fettige Nahrung würde Sie das ziemlich aus Ihrem Plan werfen. Fangen Sie an, Ihren Konsum zumindest zu reduzieren, und arbeiten Sie sich Woche zu Woche vor.

GEFAHREN IM KRAFTTRAINING

Neben den zahlreichen positiven Auswirkungen des Krafttrainings gibt es auch einige Gefahren. Personen mit einem Herz-Kreislauf-Problem sollten das Krafttraining sein lassen, denn die Pressatmung, welche mit den meisten Übungen einhergeht, vermischt mit der Muskelspannung kann den Körperinnendruck stark erhöhen. Das Krafttraining sollte immer von Dehnung und Beweglichkeitsübungen angeführt werden, sonst kann es zu starken Verspannungen und Verkürzungen in der Muskulatur kommen. Als Anfänger sollten Sie die Übungen vorerst ohne Gewicht ausführen, um ein Gefühl für die richtige Technik zu bekommen. Auch Muskelfaserrisse und Zerrungen sind meistens die Folge von zu hoher Belastung oder mangelnder Aufwärmung. Durch die hohe Belastung der Gewichte haben besonders Männer Beschwerden im Knie und es kommt häufig zu Entzündungen und auch Abnutzungserscheinungen, Arthrose genannt, an den Knorpeln und Menisken. Besonders anfällig für Verletzungen sind auch: Ellenbogen, Handgelenk, Schultern und ganz besonders der Rücken.

Das Gefährlichste beim Krafttraining ist die unsachgemäße Ausführung von Übungen, was nicht nur zu starken Schmerzen führen kann, sondern langfristig auch zu einer Fehlhaltung des Körpers. Die richtige Ausführung der Übungen ist daher von essenzieller Bedeutung.

ATMUNG

Hätten Sie gedacht, dass Ihre Atmung über ein gutes und gesundes Training entscheiden kann?

Das Atmen muss man nicht lernen. Es ist essenziell für unser Überleben und jeder kann es. Aber machen es alle richtig? Die Antwort darauf lautet: Nein. Menschen neigen dazu, bei zu starker Belastung zu hyperventilieren und noch viel schlimmer: zur Pressatmung. Allgemein gilt: Beim Drücken des Gewichts sollte man ausatmen und beim Herablassen des Gewichts einatmen. Die Bauchmuskeln stehen beim Ausatmen unter Spannung und machen den Körper dadurch stabiler. Leichter gesagt als getan ... denn viele Kraftsportler neigen bei großer Anstrengung zur Pressatmung.

Hierbei atmet man tief ein und hält die Luft, teilweise unbewusst, an. Es folgt die maximale Anstrengung und durch das Verschließen der Atemwege und der großen Anspannung entsteht ein großer Druck auf der Brust, weshalb die Ausführung der Übung sich für kurze Zeit leichter anfühlt. Anschließend wird die Luft ruckartig wieder herausgelassen. Wiederholt man dieses Prinzip unkontrolliert mehrmals hintereinander, geht einem die

Puste aus, da es zur Übersäuerung der Muskeln kommt. Pressatmung kann aber auch durchaus Positives bewirken, bei Menschen mit stabilem Blutdruck, keinerlei Gefäßkrankheiten, keiner Vorerkrankung und vor allem erfahreneren Sportlern. Marcel Reuter, Dozent an der Deutschen Hochschule für Prävention und Gesundheitsmanagement (DHfPG), sagt: „Die Luft wird bei der Pressatmung durch die Kontraktion der Rumpfmuskulatur komprimiert – hierdurch entsteht eine sehr hohe Rumpfstabilität, die sich wiederum positiv auf die Aktivierung der Brust- und Schultermuskulatur auswirkt."

Für Unerfahrene oder Einsteiger eignet sich diese Art von Atmung aber erst einmal nicht. Wichtig ist, dass Sie wenig Gewicht nehmen, dafür aber mehr Wiederholungen machen. Hierbei trainieren Sie Ihre technische Ausführung und gleichzeitig Ihre Atmung.

Merken Sie sich: Atmen Sie während des Hauptkrafteinsatzes ein und während des Bewegungsablaufes aus.

REGENERATION

Nicht nur zwischen den verschiedenen Übungen ist es von enormer Wichtigkeit, Pausen zu machen. Ihre Muskeln, Ihr Kreislauf und Ihre Organe brauchen Erholung und müssen sich regenerieren. Besonders nach einem Infekt oder einer Verletzung sollten Sie erst langsam wieder in Ihr Training starten. Die Dauer der Pause ist unterschiedlich von Menschen zu Menschen.

So sollten Anfänger nach einem intensiven Training eine längere Pause einlegen als schon erfahrene Sportler. Trainierte Sportler sollten nach einem intensiven Krafttraining circa 36 Stunden Pause einlegen und nach einer lockeren Einheit in etwa einen Tag. Für Anfänger gilt es, grundsätzlich das Doppelte an Pausen einzuplanen. Denn kann sich Ihr Körper nicht von dem Training erholen, werden Sie schnell merken, dass sich Ihr Training nicht auszahlen wird und Sie auf demselben Niveau verharren werden.

Merken Sie sich: weniger ist mehr!
Woran erkennen Sie, ob Sie zu viel trainiert haben und wann Sie eine Pause machen sollten?

Nun ja, es gibt verschiedene Symptome, die sich unterschiedlich bemerkbar machen. Zum einen werden Sie, wie schon erwähnt, keine Fortschritte und im schlimmsten Fall sogar Verschlechterungen an Ihrer Form wahrnehmen, zum anderen können Verletzungen und Motivationsverlust eintreten. Sollten Sie eine dauerhafte Erschöpfung wahrnehmen, müssen Sie Ihren Trainingsplan ändern.

Mussten Sie aus irgendeinem Grund eine längere Pause einlegen, wird sich das sicher auf Ihr Fitnessniveau auswirken. Lassen Sie sich davon auf keinen Fall aus der Bahn werfen! Fangen Sie langsam wieder an und überfordern Sie Ihren Körper auf keinen Fall. Umso länger die Pause, desto größer der Trainingsrückstand. Aus diesem Grund sollten Sie lange Pausen nur machen, wenn sie zwingend notwendig sind. Haben Sie sich beispielsweise eine Verletzung zugezogen, sollten Sie in Erwägung ziehen, Übungen zu bewältigen, welche Ihre Verletzung nicht beeinträchtigen. Ein bisschen zu machen, ist besser als gar nichts!

DAS PRINZIP DER SUPERKOMPENSATION

Während der Trainingspause fitter werden: Hört sich absurd an? – dieses Phänomen nennt sich Superkompensation und sorgt für den maximalen Trainingserfolg.

Der Fachbegriff beschreibt Folgendes: Nach einer Trainingseinheit, in Ihrem Fall dem Krafttraining, speichert Ihr Körper Informationen und bereitet sich darauf vor, beim nächsten Training mehr Leistung abrufen zu können und sich über Ihr ursprüngliches Niveau hinaus zu steigern. Das macht der Körper in Ihrer Erholungspause. Er füllt die ausgeschöpften Energiereserven wieder auf und mithilfe der Überkompensation baut er Energiereserven über das Ausgangsniveau heraus auf. Der Körper bereitet sich also schon auf das nächste Training vor, weshalb es für ein kontinuierliches Leistungswachstum von hoher Bedeutung ist, die Trainingsreize der ansteigenden Belastbarkeit anzupassen. Wenn Sie aber zu früh in Ihr Training einsteigen, stören Sie den Prozess der Regeneration und der Körper kann sich nicht weiter anpassen. Aus diesem Grund ist ein Trainingsplan vonnöten, welcher die Be- und Entlastung in ein richtiges Verhältnis setzt.

ZUSAMMENFASSUNG

Zusammenfassend lässt sich sagen: Diese Fehler und Gefahren lassen sich alle weitestgehend mit der richtigen Technik vermeiden, denn eine unsaubere Ausführung reduziert und verfälscht den Effekt Ihres Trainings. Lassen Sie sich in den Kraftsport von einem Trainer einführen oder belesen Sie sich zur richtigen Ausführung von den einzelnen Übungen im Internet. Fertigen Sie sich einen Trainingsplan an, mithilfe erfahrener Trainer, welcher auf Sie speziell zugeschnitten ist. Wärmen Sie sich vor jeder Einheit ausreichend (mindestens 20 Minuten) auf. Hierfür können Sie zum Beispiel laufen oder Radfahren. Hierbei genügen 10 Minuten. Danach sollten Sie sich für 10 Minuten Dehnen, um einer Muskel- oder Sehnenverletzung vorbeugen zu können. Trainieren Sie regelmäßig mit einer angemessenen Intensität. Richten Sie sich hier nach dem Motto „Weniger ist mehr", denn Überbelastung bringt Ihnen nichts außer Schmerzen und eventuellen Trainingsrückstand. Achten Sie auf die richtige

Anzahl von Sätzen, Wiederholungen und auf das Gewicht. Starten Sie mit wenig Gewicht und steigern Sie sich jede Woche ein wenig, um herauszufinden, welches Gewicht Sie beim Training benötigen. Hierbei gilt: Die letzten Wiederholungen eines Satzes sollten Ihnen sehr schwerfallen, aber nicht unmöglich sein.

Das Krafttraining heißt nicht umsonst Krafttraining. Achten Sie darauf, nicht zu viel Ausdauer- und somit Kardiotraining zu machen, denn dadurch können Sie zwar abnehmen und viele Kalorien verbrennen, Sie werden aber nicht an Muskeln zunehmen.

Achten Sie stets darauf, genug zu schlafen, Stressfaktoren zu vermeiden und viel zu trinken. Schon allein mit diesen Faktoren beeinflussen Sie Ihr Mindset, welches am Ende des Tages Ihr Training beeinflussen wird. Leben Sie von Tag zu Tag und erwarten Sie nicht schon nach der ersten Woche ein Resultat. **Geduld ist hierbei der Schlüssel zum Erfolg.** Gestalten Sie Ihr Training abwechslungsreich und stellen Sie sich neuen Herausforderungen – halten Sie sich selbst auf Trab. Achten Sie auf Ihre Atmung und kontrollieren Sie sie. Atmen

Sie ruhig und kontrolliert, langsam bis zügig und gleichmäßig und entspannt. Vermeiden Sie die Pressatmung und nehmen Sie lieber einmal mehr weniger Gewicht, als eine Verletzung zu riskieren. Gönnen Sie sich und Ihrem Körper Pausen. Machen Sie zwischen zwei Trainingstagen auf jeden Fall einen Ruhetag. Führen Sie die Übungen ruhig und kontrolliert aus und fangen Sie klein an und steigern sich von Mal zu Mal. Trainieren Sie regelmäßig, dann werden Sie schnell Fortschritte machen. Sie werden schnell merken, dass das Training irgendwann zu einem Bedürfnis wird und keine Pflicht mehr, weil es dem Körper so guttut. Achten Sie auf Ihre Ernährung und vermeiden Sie giftige Genussmittel, wie Alkohol, Nikotin und jegliche andere, dem Körper schadende Droge.

ERGEBNISSE

Erwarten Sie keine Magie! Sie werden nicht innerhalb weniger Wochen große Muskelberge sehen. Das Internet verbreitet heutzutage viele „Fake News", insbesondere, indem viele Plattformen mit Vorher-Nachher-Bildern werben. Leider ist das realitätsfern und nicht möglich. Es gibt keinen schnellen Muskelaufbau. Die ersten vier bis sechs Wochen werden Sie kaum einen Unterschied ausmachen können, sollten Sie neu mit dem Krafttraining anfangen. Der Körper muss erst einmal lernen, sich zu adaptieren und das Nervensystem anpassen. Ihre Kraft wird steigen, aber Ihre Muskeln werden noch nicht wachsen. Stellen Sie sich darauf ein, dass es mindestens drei bis sechs Monate dauern kann, bis man Sie auf Ihre Muskeln ansprechen wird. Wenn Sie alles richtig machen, können Sie circa ein Kilo Muskeln pro Monat aufbauen. Von Jahr zu Jahr wird das weniger. So kann es sein, dass Sie nach zwei oder drei Jahren schon den Großteil Ihrer Muskelmasse aufgebaut haben.

INDIVIDUELLE ERFOLGSFAKTOREN

Die sogenannten Erfolgsfaktoren spielen bei jedem Training eine große Rolle, denn diese sind bei jedem Menschen anders und teilweise nicht beeinflussbar. Nicht jeder Mensch kann gleich schnell Muskelmasse aufbauen.

Folgende Faktoren spielen eine große Rolle:

Ausgangsniveau

Ihr Körper kann nur begrenzt Muskeln aufbauen. Starten Sie also schon mit einem hohen Ausgangsniveau, werden Sie nur noch wenig Muskelmasse ausbilden können, aufgrund des genetischen Limits. Je höher Ihr Alter ist, desto langsamer wird der Aufbau Ihrer Muskeln vonstattengehen.

Muskelgedächtnis / Wiederaufbau

Wir Menschen besitzen ein sehr gut ausgebautes Muskelgedächtnis. Das heißt: Geht uns Muskelmasse verloren, kann der Körper sich erinnern und verhältnismäßig schnell wiederaufbauen. Es ist etwas anderes, wenn der Körper Muskelmasse aufbauen muss, die vorher noch nie da war.

Alter

Junge Menschen und vor allem Jungs zwischen 15 und 25 Jahren können schnell Muskelmasse aufbauen. Umso älter man wird, desto geringer ist die Testosteronausschüttung. Testosteron spielt eine große Rolle bei der Unterscheidung zwischen Männern und Frauen, denn Männer bauen in der Regel schneller und mehr Muskeln auf als Frauen. Da das

Testosteronlevel auch von den Faktoren Schlaf, Stress und anderen Dingen beeinträchtigt wird, ist es wichtig, auch dies zu bedenken. Mit dem fortschreitenden Alter dauert es länger, sich vom Training zu erholen, weshalb das Durchschnittsalter beim Beginn des Krafttrainings auch sinkt.

Allerdings müssen junge Menschen aufpassen, dass sie ihr Wachstum nicht stören, deshalb ist es Jugendlichen auch nicht erlaubt, vor dem Erreichen des 16. Lebensjahrs in einem Fitnessstudio zu trainieren. Nach oben hingegen gibt es keine Grenze, denn um den natürlichen Muskelabbau zu bremsen bzw. zu verlangsamen, sollte man sein Leben lang trainieren. Natürlich müssen Sie Ihr Training an Ihr Alter anpassen und schauen, was sich im Rahmen des Möglichen noch ausführen lässt.

Gene

Die Genetik des Menschen spielt eine große Rolle, wenn es um die Potenzialausschöpfung, Kraft- und Muskelaufbau geht. Vieles in unserem Körper können wir nicht verändern oder beeinflussen, da es sich um die vererbte Genetik handelt. Zum Beispiel lassen sich das Verhältnis von roten und weißen

Muskelfasern, der Körperbau, die Stoffwechselgeschwindigkeit, die Muskelform und die Verteilung der Fettzellen im Körper nicht beeinflussen.

Haben Sie schmale Hüften und Schultern, eine schlechte Regeneration, wenig Fettansammlung und fällt es Ihnen schwer, Muskeln aufzubauen?

Dann sind Sie ein „automorpher Mensch". Ihr Vorteil ist es, dass Sie selbst bei schlechter Nahrungszufuhr kaum Fett einlagern. Ja, Sie werden es schwerer haben als mesomorphe Menschen, denn eine Muskelzunahme geht bei Ihnen, veranlagt durch Ihre Genetik, nur langsam vonstatten. Dafür können Sie Ihren Körper schnell definieren und sind besonders fit. Durch einen Kalorienüberschuss schaffen aber auch Sie es zu einem muskulösen Körper!

Die mesomorphen Menschen bilden genau das Gegenstück zu den automorphen Menschen und besitzen breite Schultern und schmale Hüften, schnelle Regenerationsfähigkeit und schnellen Muskelaufbau und sammeln moderat Fett an. Sie haben es beim Muskelaufbau am einfachsten, wenn man sich die Voraussetzungen ansieht. Dann gibt es noch einen dritten Körpertyp: den endomorphen

Menschen. Dieser baut sehr leicht Fett auf und nimmt dadurch schnell an Gewicht zu. Allerdings bringt das oft auch Wassereinlagerungen und Fettleibigkeit mit sich, weshalb Menschen mit diesem Körpertyp besonders auf ihre Ernährung achten müssen. Neben dem Krafttraining muss ein endomorpher Mensch auch Kardiotraining absolvieren, aufgrund des langsamen Stoffwechsels.

Merken Sie sich: Jeder Mensch kann Muskelmasse aufbauen. Die Nachteile, die Sie in Ihrer Genetik sehen, bringen Ihnen eventuell Vorteile in einer anderen Lebenssituation. Sie können Ihre Genetik nicht verändern und es bringt Ihnen auch nichts, sich darüber aufzuregen und sich selbst negativ zu stimmen. Nun sind wir zurück beim Thema richtiges Mindset. Ihre Disziplin, Ihre Ernährung und das regelmäßige Training werden sich auszahlen – schlechte Genetik hin oder her!

Geschlecht

Im Gegensatz zu Männern brauchen Frauen länger, um Muskeln aufzubauen. Sie besitzen bis zu 60 % weniger Muskelfaserzellkerne als die Männer.

Frauen sollten deshalb ihre Einheiten kürzer halten, aber können dafür öfter trainieren als die Männer. Während die Männer immer muskulöser sein wollen, haben die meisten Frauen Angst vor Muskelbergen, aber auch für Frauen ist Training lohnend. Während die Männer es einfacher haben, mehr Kraft beim Schulterdrücken aufzubauen, aufgrund ihrer Schultergürtelbreite haben Frauen es durch Ihre meist breitere Hüfte einfacher, starke Beine und Gesäßmuskulatur aufzubauen.

Sie können sich Ihre Woche so aufbauen, wie es Ihnen passt. Wichtig wird es nach Ihren Ganzkörper-Work-outs und somit nach Ihrem Einstieg in das Krafttraining, irgendwann die Trainingszeit zu verkürzen und dafür das Volumen zu erhöhen. Versuchen Sie auf keinen Fall, Ihren Trainingsfortschritt auf der Waage festzustellen! Muskeln wiegen mehr als Fett. Greifen Sie zum Maßband, machen Sie Vorher-Nachher-Bilder oder messen Sie Ihren Körperfettanteil. Es kann dazu kommen, dass Sie an Gewicht zunehmen werden. Lassen Sie sich davon nicht entmutigen!

MUSKELAUFBAU FÜR FRAUEN

Eine Frau zu sein, kann sehr anstrengend sein. Sich zu etablieren und Anschluss zu finden, ist auch im Sport meist nicht einfach. 70 bis 80 % der Themen über Fitness wird von Männern für Männer verfasst. Der Kraftsport wird von den Männern dominiert. Das sollte Sie aber auf keinen Fall davon abhalten, mit dem Krafttraining anzufangen!

Immer mehr Frauen finden Gefallen an dem Training mit Gewichten. **Haben Sie keine Angst vor Muskelbergen!** Frauen haben schon aufgrund ihrer Gene und Hormone kaum die Chance, zu einem Muskelprotz zu werden. Alle Frauen wünschen sich insgeheim den perfekten Beachbody. Hierbei geht es nicht um Bodyshaming – jeder Mensch hat eine andere Auffassung des eigenen Traumkörpers. Meist hängt dieser aber mit einer schlanken und durchtrainierten Figur zusammen. Der Muskelaufbau lohnt sich auch für Frauen, denn umso mehr Muskelmasse vorhanden ist, desto mehr Kalorien (Energie) verbrennt der Körper – auch im Ruhestand!

Natürlich lassen sich auch beim Kardiotraining viele Kalorien verbrennen, aber ein effizientes

Krafttraining bedeutet gleichzeitig auch Training für die Figur. Einzelne Körperpartien können hierbei gezielt trainiert und geformt werden. Tatsächlich kann das Krafttraining auch Cellulite lindern. Der feste Muskel glättet nämlich die Hautstruktur. Meist hängt Cellulite auch mit dem Fettanteil im Körper zusammen, welcher auch beim Krafttraining reduziert wird. Alles, was Sie bisher gelesen haben, trifft auch auf Sie zu. Frauen können grundsätzlich im selben Umfang wie Männer trainieren. Gerade als Anfänger befinden Sie sich sogar meist auf gleichem Niveau wie ein Mann. Allerdings ist es auch für Sie wichtig, Ihren eigenen Plan zu erstellen. Wählen Sie Ihr Gewicht so, dass Sie gerade so 12 Wiederholungen schaffen und das auch drei bis vier Sätze aushalten.

Es ist ein Mythos, dass Frauen anders essen oder trainieren müssen. Auch Frauen benötigen ausreichend Kohlenhydrate, Fette und Proteine. Sie müssen die Menge der Nahrung und das Training, genauso wie jeder Mann, an Ihren eigenen Körper anpassen.

ÜBUNGEN FÜR ANFÄNGER

Folgende Übungen lassen sich besonders für Anfänger empfehlen, sollten aber in jedem Trainingsplan einen Platz finden.

Oberkörper-Übungen Brust:
- Bankdrücken mit Langhantel, Kurzhantel, Schrägbankdrücken, Cable Crossover, Liegestütz

Oberkörper-Übungen Schulter:
- Schulterdrücken im Stehen und Sitzen, Seitheben

Oberkörper-Übungen Rücken:
- Klimmzüge, Latzug, vorgebeugtes Rudern, Rudern am Kabelzug

Oberkörper-Übungen Bizeps:
- Curls Kurzhanteln, Bizeps am Kabelzug

Unterkörper-Übungen Vorderer Oberschenkel:
- Kniebeuge, Beinpresse, Lunges, Beinstrecker, Hacksquats

Unterkörper-Übungen Hinterer Oberschenkel:
- Kreuzheben, Hip Thrust, gestrecktes Kreuzheben, Glute Raises, Beinbeuger

Unterkörper-Übungen Gesäßmuskulatur:
- Hip Thrusts, Glute Kickbacks, Lunges, Hyperextension

Die richtige Ernährung

Ihr Erfolg hängt tatsächlich zu 70 % von Ihrer Ernährung ab und nur zu 30 % von Ihrem Training. Die richtige Ausführung beim Training und genügend Regeneration reichen leider nicht für ein stetiges Muskelwachstum. Viele Anfänger fragen sich, warum sie nach einiger Zeit keine Veränderung am Körper wahrnehmen können. Das liegt daran, dass sie sich entweder ungesund ernähren, zu wenig Kalorien zu sich nehmen oder nicht genügend essen. Es ist wichtig, dass Sie sich mit Ihrer Ernährung auseinandersetzen und eine ordentliche Beziehung zu Ihrer Ernährung aufbauen, so albern es auch klingen mag. Nur durch die

Nahrung, die Sie aufnehmen, führen Sie Ihrem Körper die benötigte Energie zu. Wie auch schon beim Krafttraining ist es sinnvoll, sich einen Plan anzulegen – einen Ernährungsplan. Grundsätzlich gilt: Wollen Sie Muskeln aufbauen, müssen Sie mehr Kalorien zu sich nehmen, als Sie verbrauchen. Das nennt sich dann Kalorienüberschuss oder positive Energiebilanz.

Die Summe aller von Ihnen zu sich genommenen Kalorien muss höher sein als Ihr Gesamtkalorienverbrauch des Tages. Ihr Ernährungsplan sollte in etwa 300 bis 500 mehr Kalorien für Sie parat halten. Achten Sie aber darauf, nicht darüber hinauszugehen, denn das wird Ihnen mehr Körperfett einbringen. Wenn Sie Ihr Training pausieren, sollten Sie Ihren Ernährungsplan anpassen und aus dem Kalorienüberschuss heraus, denn sonst lagert Ihr Körper die überschüssige Energie als Fett ein. Um zu verstehen, wie Sie sich richtig ernähren können, müssen Sie sich mit den Grundlagen der Ernährung auseinandersetzen.

REGEL 1 – GRUNDUMSATZ BERECHNEN

Berechnen Sie den Grundumsatz Ihrer Energie. Dieser setzt sich aus dem Grundumsatz und dem Leistungsumsatz zusammen. Der Grundumsatz wird automatisch von Ihrem Körper betrieben, denn es ist die Arbeit, die Ihr Körper aufwendet, um lebensnotwendige Prozesse aufrechtzuerhalten. Dazu zählt also die Arbeit Ihrer Organe und Ihres Herz-Kreislauf-Systems. Ihren Grundumsatz müssen Sie sich selbst errechnen, denn dieser hängt von Alter, Größe, Genen, Anteil der Muskelmasse und dem Aktivitätsniveau ab.

Zu dem Grundumsatz müssen Sie noch Ihren Leistungsumsatz hinzunehmen. Dieser Umsatz beschreibt alle Leistungen, die Sie von sich aus tätigen. Das fängt bei jedem Schritt von Ihnen an und schließt Ihr Training ebenfalls ein. Auch dieser Umsatz ist individuell, da jeder Mensch sich anders über den Tag hinwegbewegt. Es kommt hier auf Ihren Job an, ob Sie sich zu Fuß, mit Auto oder der Bahn bewegen und wie Sie Ihre Freizeit gestalten. Um Ihren Umsatz zu berechnen, gibt es etliche Kalorienrechner im Internet. Es bietet sich bei regelmäßigem Training allerdings an, sich einen Fitnesstracker zuzulegen, welcher Ihre Kalorien zählt. Vorteile bietet dieser gerade in der Anpassung Ihrer Ernährung, da Sie jeden Tag sehen, wie viel Sie verbrannt haben und es sich nicht errechnen müssen.

REGEL 2 – BENÖTIGTE KALORIEN IN ERNÄHRUNGSPLAN AUFNEHMEN

Nur durch einen Kalorienüberschuss können Sie Muskeln aufbauen. Das heißt, Sie müssen mehr Kalorien zu sich nehmen, als sie insgesamt verbrannt haben. Das kann teilweise sehr hart sein, denn Sie müssen sich, auch wenn Sie eigentlich satt sind, dazu zwingen zu essen. Für manche kein Problem, für manche doch ein Zwang. Die neuen Strukturen in Ihrem Körper müssen mit ausreichend Nährstoffen versorgt werden. Sie sollten auf jeden Fall **300 bis 500 Kalorien mehr** zu sich nehmen, als Sie verbrannt haben. Nehmen wir als Beispiel einen 26-jährigen Mann, welcher 190 cm groß ist, 81 Kilogramm wiegt und dreimal die Woche zum Sport geht. Dieser Mann hätte einen ungefähren

Gesamtumsatz von circa 3000 Kilokalorien am Tag. Dementsprechend müsste er mindestens 3300 Kalorien über den Tag verteilt zu sich nehmen.

REGEL 3 – VERTEILUNG DER NÄHRSTOFFE

Nun gilt es zu verstehen, was die Basis Ihres Ernährungsplans ist. Hierbei geht es um die drei Makronährstoffe (Proteine, Fette, Kohlenhydrate). Diese drei Makronährstoffe müssen Sie richtig gewichten, um sich ausgewogen zu ernähren.

Kohlenhydrate

Kohlenhydrate bilden die primäre Energiequelle für Ihren Körper und werden von Ihrem Körper in kleine Zuckermoleküle zerkleinert, auch Glukose genannt. Es gibt die einfachen Kohlenhydrate und die komplexen. Einfache Kohlenhydrate werden durch den Stoffwechsel schnell in Energie umgewandelt. Einfache Kohlenhydrate sind zum Beispiel: Kartoffelstärke, Mehl und Zucker. Das Problem mit diesen Kohlenhydraten ist: Wird die umgewandelte Energie von Ihrem Körper nicht genutzt, füllt Ihr Körper die Energiespeicher in Muskeln und Leber.

Erstmal nichts Schlechtes, richtig? Doch! Denn sind diese Speicher auch voll, wandelt Ihr Körper die überschüssige Energie in Fett um.

Und da Ihr Fettspeicher fast unbegrenzt Energie speichern kann, weigert sich Ihr Körper nicht dagegen. Kohlenhydrate sind lebensnotwendig, denn wenn nicht immer ein bisschen Glukose im Blut zur Verfügung stehen würde, würden Sie sterben, denn das Gehirn benötigt Glukose als Energiequelle. Die meisten Diäten raten Ihnen dazu, auf Kohlenhydrate zu verzichten. Das geht so lange, bis Ihr Körper nicht mehr auf Ihre Fettspeicher zuzugreifen. Durch das Krafttraining steigt Ihr Kalorienbedarf und Sie dürfen Ihrem Körper die Energiezufuhr auf keinen Fall verweigern. Wann der perfekte Zeitpunkt für welche Mahlzeit ist und wie genau diese Mahlzeit aussehen sollte, erfahren Sie noch.

Ideale Kohlenhydrate sind beispielsweise: Gemüse, Früchte und Hülsenfrüchte. Während getreide- und stärkehaltige Produkte, Pasta, Reis und Kartoffeln, auf ein Minimum reduziert werden sollten.

Gemüse liefert Ihnen Ballaststoffe, welche die Verdauung bremsen und Sie länger satt machen.

Früchte bieten Ihnen das auch, liefern aber mehr Energie und werden schneller verdaut. Von den Früchten sollten Sie dennoch nicht zu viel essen, da diese Fruchtzucker mit sich bringen, welcher in hohem Maß ungesund wird.

Merken Sie sich: Ohne genügend Kohlenhydrate können die Speicher der Muskulatur nicht genügend aufgefüllt werden und Ihnen fehlt Energie für das nächste Training. Diese benötigen Sie aber, um Ihre Muskeln zum Wachstum anzuregen.

Proteine

Proteine gelten als sekundäre Energiequelle. Auch Ihr Proteinbedarf erhöht sich, wenn Sie hart trainieren. Proteine setzen sich aus verschiedenen Aminosäuren zusammen. Sie lassen sich in pflanzliche und tierische Eiweiße einteilen. Ohne Proteine kein Muskelaufbau – aber auch nicht ohne Krafttraining. Das eine hängt vom anderen ab. Es ist ein Zusammenspiel. Umso höher die Trainingsintensität, desto höher der Proteinbedarf. Laut der Deutschen Gesellschaft für Ernährung (DGE) werden 0,8

Gramm Eiweiß pro Kilogramm Körpergewicht empfohlen. Hierbei geht man allerdings von Nicht-Sportlern aus. Da Ihr Fokus auf dem Muskelaufbau liegt, empfiehlt sich fast die doppelte Anzahl. Sie sollten circa 1,3 bis 1,5 Gramm Eiweiß pro Kilogramm zu sich nehmen.

Sie müssen sich ausgewogen ernähren, was bedeutet, dass Sie sich nicht jeden Tag von Fleisch ernähren sollten und eine Kombination aus pflanzlichen und tierischen Proteinen zu sich zu nehmen. Diese beiden Proteine unterscheiden sich durch ihre unterschiedlichen Aminosäuren. Tierische Proteine sind denen der Menschen ähnlich, daher lassen Sie sich schnell vom Körper verarbeiten. Hierzu gehören: Fleisch, Fisch und Eier. Pflanzliche Proteine hingegen richten sich eher nach der biologischen Wertigkeit von tierischen Proteinen. Im Gegensatz zu den tierischen Proteinen weisen die pflanzlichen weniger Cholesterin auf, was den Vorteil mit sich bringt, dass Sie Ihr Herz-Kreislauf-System nicht dem Risiko eines Anstiegs des Cholesterinspiegels aussetzen. Des Weiteren liefern pflanzliche Proteine, wie Hülsenfrüchte, Linsen, Nüsse, Milch, Eier, Haferflocken oder Chiasamen, mehr Ballaststoffe,

Vitamine und Nährstoffe. Im Gegensatz zu den tierischen Lebensmitteln belasten pflanzliche Lebensmittel nicht die Umwelt, aufgrund eines zu hohen Wasser- und Energieverbrauchs. Es kommt dennoch auf eine gute Mischung beider Formen an, da sie eine abwechslungsreiche Ernährung bieten.

Ernähren Sie sich grundsätzlich vegetarisch oder vegan? Kein Problem: Es gibt genug Nahrungsergänzungsmittel bzw. andere Möglichkeiten, sich ausgewogen zu ernähren, auch ohne Fleisch.

Proteinshakes

Es ist schwer, jeden Tag proteinreich zu essen, aus diesem Grund greifen viele Menschen zu Proteinshakes, denn diese sind eine hilfreiche und vor allem schnelle Ergänzung zur Versorgung der Muskulatur. Das sogenannte anabole Fenster gibt an, wann Sie nach Ihrem Training Eiweiße zu sich nehmen sollten. Leider gibt es keine exakten Angaben, außer: je schneller, desto besser. Von 30 Minuten nach dem Training bis zu zwei Stunden danach wird alles empfohlen. Klar ist aber, dass sich die Eiweißaufnahme direkt nach dem Training positiv auf den Muskelaufbau auswirkt. Auch aus diesem

Grund eignet sich ein Proteinshake nach dem Training. Weitere Vorteile sind: Er ist kalorienarm, hält Sie lange satt, geht schnell und wirkt dem Muskelabbau entgegen. Jeder Eiweißshake hat seine eigene Zusammensetzung, weshalb es auch hierbei wieder vonnöten ist, den richtigen Eiweißshake für das individuelle Trainingsziel auszuwählen.

Grundsätzlich können Sie Ihren Proteinbedarf mithilfe der Ernährung abdecken, allerdings haben Sie, wie Sie wissen, einen erhöhten Proteinbedarf, welchen Sie einfach und schnell mit Proteinshakes abdecken können. Das sogenannte „Whey-Protein" ist der Klassiker der Supplemente. Grundlage des Proteins ist das Molkenprotein Milch, welches bei der Käseherstellung als Nebenprodukt gewonnen wird. Es enthält alle neun essenziellen Aminosäuren und einen Proteingehalt von 50 bis 80 %, weswegen es sich perfekt für eine Zwischenmahlzeit eignet. Um die Proteinbiosynthese in Schwung zu bringen, wird es von Wissenschaftlern empfohlen, mit jeder Mahlzeit ca. 25 Gramm Protein zu sich zu nehmen.

Merken Sie sich: Proteinshakes ersetzen nicht die ausgewogene Ernährung.

Den Shake sollten Sie mit Milch, nicht mit Wasser, zubereiten. Milch bietet den Vorteil einer noch höheren Proteinzufuhr. Die Preise variieren stark – von 20 bis 60 Euro gibt es alles. Informieren Sie sich im Internet über Proteingehalt und die Vor- und Nachteile und probieren Sie sich durch.

Sie müssen auch nicht unbedingt das Whey-Protein zu sich nehmen. Es gibt auch die Möglichkeit der Bio-Proteinshakes und vieler anderer Proteine in verschiedenen Formen. Sie sollten sich aber vorher gründlich über alles informieren. Achten Sie bei dem Kauf des Proteins darauf, dass es mindestens 75 Gramm Eiweiß auf 100 Gramm aufweist, es in Deutschland hergestellt wurde und das es nicht mit künstlichen Farb- oder Konservierungsstoffen versetzt wurde. Das Whey-Protein lässt sich auch zu Porridge verarbeiten und kann somit ein ausgewogenes Frühstück darstellen. Sie können Früchte und Nüssen hinzufügen, um das Ganze aufzupeppen.

Fette

Fette machen nur Fett? – Nein! Dieser Ernährungs-
mythos ist weitverbreitet, aber Fett ist für Ihre Gesundheit und den Muskelaufbau unverzichtbar. Im
Grunde genommen bestehen Fette aus Sauerstoff,
Wasserstoff und Kohlenstoff. Auch Fett wird von
Ihrem Körper als Energiequelle genutzt und ist Be-
standteil der Zellen. Man unterscheidet zwischen
gesättigten und ungesättigten Fetten. Die ungesättigten Fette, auch gesunde Fette genannt, wandeln
sich in Energie um und sind essenziell wichtig für
den Muskelaufbau.

Sie sind leicht verdaulich und regen den Stoffwechsel an. Sie senken den Cholesterinspiegel im
Blut und sind enorm wichtig für die Produktion von
Testosteron, dem Hormon, auf das Sie zum Muskelaufbau angewiesen sind. Die gesättigten Fettsäu-
ren, insbesondere Lebensmittel wie Sahne, Wurst,
Fleisch und Butter, werden grundsätzlich von den
meisten als ungesund angesehen. Tatsächlich ist
sich die Wissenschaft aber nicht einig, ob ungesättigte Fette zu den Dickmachern zählen sollten. Wie
bei fast allem, was lecker schmeckt, sollten Sie es
natürlich nicht übermäßig konsumieren. Dann gibt

es noch die Transfettsäuren. Sie entstehen in der industriellen Herstellung. Sie werden häufig als Fast Food bezeichnet und sorgen dafür, dass sich Ihr Blutfettwert auf Dauer erhöht und es zu Herz-Kreislauf-Erkrankungen kommen kann. Besonders lecker ist alles, was frittiert ist, das ist kein Geheimnis, allerdings sollten Sie darauf eher verzichten. Die Ernährung der Deutschen ist im Durchschnitt zu fettreich, was vor allem den versteckten Fetten in den Lebensmitteln geschuldet ist.

Die Deutsche Gesellschaft für Ernährung (DGE) empfiehlt in etwa 25 – 30 Prozent der Gesamtkalorien aus Fetten zu beziehen. Grundsätzlich gilt natürlich, dass Sie mehr gesunde als ungesunde Fette zu sich nehmen sollten.

Beispiel gesunde Fette:
- Lachs – guter Vitamin- und Proteinlieferant
- Avocado – vorteilhaft für Blutbildung, gesunde Haut und Knochen
- Nüsse (ungesalzen, nicht geröstet) – hochwertige Proteine, viel Fett
- Eier – wichtige Vitamine & Mineralstoffe
- Oliven(-öl) – reguliert Fettstoffwechsel
- Kokosöl – ideal zum Kochen & leicht verdaulich

- Leinöl – fördert Konzentrationsfähigkeit
- Etc.

REGEL 4 – DIE RICHTIGEN LEBENSMITTEL

Sie verstehen nun die Wichtigkeit einer ausgewogenen Ernährung, welche aus einer guten Mischung von hochwertigen Proteinen, Fetten und Kohlenhydraten bestehen sollte.

Beispiele für Eiweißquellen:
- Fisch
- Linsen
- Kidneybohnen
- Quinoa
- Soja
- fettarme Milchprodukte
- fettarmes Fleisch
- Meeresfrüchte
- Magerquark
- Parmesan
- Milch.

Beispiele für ungesättigte Fettquellen

- Olivenöl
- Margarine
- Salami
- Butter
- Speck
- Ei
- Avocados
- Nüsse
- Erdnussbutter.

Beispiele für gesättigte Fettquellen

- Kokosöl
- Sauerrahm
- Käse
- Wurst
- Ei
- Erdnussbutter
- Olivenöl
- Butter.

Beispiele für langsame Kohlenhydrate

- Bohnen
- Erbsen
- Vollkornnudeln

- Vollkornbrot
- Porridge
- frische Bananen
- Karotten
- Äpfel
- Müsli.

Beispiele für schnelle Kohlenhydrate
- Softdrinks
- Reiswaffeln
- Cornflakes
- Kartoffeln
- Weißbrot
- weißer Reis.

Wichtig ist es, neben den drei Nährstoffen folgende Mikronährstoffe zu sich zu nehmen:
- Vitamin D (Knochengesundheit)
- Natrium (Mangel äußert sich in Krämpfen)
- Calcium (festigt Knochen)
- Kalium (steuert Muskelfunktion)
- Eisen (beteiligt an Muskelfunktion)
- Zink (Stressverarbeitung)
- Magnesium (beteiligt am Proteinstoffwechsel).

Der Bedarf dieser Vitamine und Mineralstoffe wird hauptsächlich über Ihre Ernährung abgedeckt. Oftmals äußert sich dennoch ein Mangel. Sie sollten dann mit Ihrem Arzt Möglichkeiten besprechen, wie Sie Ihren Bedarf weiterhin abdecken können.

REGEL 5 – DAS RICHTIGE TIMING FÜR IHRE MAHLZEITEN

Timing ist eines der wichtigsten Dinge, wenn es um Ihre Ernährung geht. Es geht hierbei nicht um den Mythos, dass man nach 18 Uhr keine Kohlenhydrate zu sich nehmen sollte. Vielmehr geht es darum, wie Sie Ihre Nahrung an Ihr Training anpassen können, um möglichst schnell einen Muskelzuwachs herbeiführen zu können.

Ernährung am Morgen

Frühstück ist zwar entgegen aller Behauptungen nicht die wichtigste Mahlzeit am Tag, aber in jedem Fall sehr wichtig. Nachdem Sie, im besten Fall, Ihre acht Stunden Schlaf bekommen haben, braucht Ihr Körper wieder neue Nährstoffe, denn Ihre Glykogen-Speicher sind geleert. Warten Sie **nicht** ein bis zwei Stunden nach dem Aufstehen, bis Sie etwas essen, denn in dieser Zeit kann es passieren, dass sich der Körper seine Energie aus Ihrer Muskelmasse zieht. Nehmen Sie ungefähr 30 Gramm Protein und 60 Gramm Kohlenhydrate zu sich.

Hierfür können Sie sich zum Beispiel Porridge mit Obst und Nüssen oder Müsli machen. Des Weiteren können Sie sich direkt am Morgen einen Shake mit dem Whey-Protein machen. Ihr Frühstück muss Ihnen Lust auf den Tag machen, deswegen gestalten Sie es abwechslungsreich und nehmen Sie sich auf jeden Fall Zeit. Haben Sie morgens keine Zeit, sich Frühstück zu machen, bereiten Sie es doch am Vorabend vor. Mögen Sie deftige Nahrung am Morgen, können Sie sich Vollkornbrot mit Eiern zubereiten. Ungefähr 3 Stunden wird Ihr Körper nun mit Nährstoffen versorgt.

Zweites Frühstück

Es zählt jetzt, den Körper weiterhin zu versorgen und ein zweites Frühstück zu sich zu nehmen. Hier eignen sich sowohl vorgefertigte Brote von Ihnen oder auch ein Proteindrink, je nachdem, was Sie bei Ihrem ersten Frühstück zu sich genommen haben.

Mittagessen

Auch Ihr Mittagessen sollten Sie abwechslungsreich gestalten. Sie müssen hierbei immer auf eine gute Mischung aus Proteinen, Kohlenhydraten und Fetten achten. Das Mittagessen bildet den Grundbaustein für Ihr späteres Training und hält Sie den Tag über weiterhin aktiv. Gut eignen sich beispielsweise: Hühnchen bzw. Fisch mit Reis, Kartoffeln oder Vollkornprodukte wie Nudeln. Dazu sollten Sie noch Gemüse, wie zum Beispiel Brokkoli oder Bohnen, hinzufügen. Wenn Sie gegen 12 Uhr Ihr Mittag essen und erst abends trainieren gehen, müssen Sie die Zeit mit einer weiteren Mahlzeit überbrücken, da dem Körper sonst wieder wichtige Nährstoffe und Energie fehlen. Gehen Sie mittags gegen 15 Uhr trainieren, brauchen Sie nichts mehr zu sich zu nehmen vor dem Training.

Pre-Work-out

Besonders Vor- und nach dem Training spielt Ihre Ernährung eine enorm wichtige Rolle für den Muskelaufbau. Die Mahlzeit muss Ihnen genug Energie für die bevorstehende Anstrengung liefern. Essen Sie ca. 1,5 – 2 Stunden vor dem Training, um Ihrem

Körper Zeit für die Verdauung zu geben. Gehen Sie direkt nach dem Mittagessen trainieren, ist das Ihre Pre-Work-out-Zufuhr. Sollten Sie allerdings erst abends zum Sport gehen, so ist es wichtig, das Mittagessen nach hinten zu verschieben und dem zweiten Frühstück noch einen Snack zu sich zu nehmen, wie zum Beispiel: Proteinriegel, Reiswaffeln, Obst und Gemüse oder Studentenfutter. Sie können statt Reis und Hühnchen auch Quark mit Früchten zu sich nehmen, wenn Sie zum Frühstück schon herzhaft gegessen haben.

Während des Trainings

Logischerweise sollten Sie während des Trainings nichts essen. Es ist allerdings von enormer Bedeutung, dass Sie genügend trinken. Pro Stunde Training sollten Sie mindestens einen Liter Wasser trinken, da Ihr Körper Flüssigkeit durch das Schwitzen verliert.

Post-Work-out

Nach dem anstrengenden Training ist Ihr Glykogen-Speicher aufgebraucht und die Muskulatur schwach. Nun ist Ihr Körper am empfänglichsten für die Aufnahme von Nährstoffen, um die Regeneration einleiten zu können. Sie sollten nun so schnell wie möglich Nahrung zu sich nehmen, bestehend aus Proteinen und schnell verfügbaren Kohlenhydraten. Ein Proteinshake eignet sich daher perfekt als erste Mahlzeit nach dem Training. Zum Beispiel in Verbindung mit Obst oder Trockenfrüchten.

Abends

Vor dem Zubettgehen können Sie noch einmal Ihre Reserven auffüllen, damit der Körper in der Nacht nicht an Ihre Reserven gehen muss. Nehmen Sie eiweißhaltige Nahrung zu sich, wie Huhn, Fisch, Eier, Joghurt oder Magerquark. Es kommt immer darauf an, was Sie zum Mittag gegessen haben. Essen Sie auf jeden Fall etwas anderes am Abend, um Ihren Körper auf Trab zu halten und damit Ihnen das Essen nicht langweilig wird.

Natürlich kommt es darauf an, wann Ihr Training stattfindet. Findet Ihr Training abends statt, ist das Mittagessen Ihre wichtigste Mahlzeit. Gehen Sie allerdings morgens zum Sport, ist das Frühstück die wichtigste Mahlzeit und Sie sollten bei Ihrem Frühstück darauf achten, alles Notwendige zu sich zu nehmen, so wie nach dem Training.

Die Zeiten der Ausreden, wie „Ich hatte keine Zeit, um etwas zu kochen" sind mit einem Ernährungsplan endgültig vorbei. Sie müssen sich die Zeit nehmen, denn weichen Sie von Ihrem Plan ab und verzichten beispielsweise auf eine Mahlzeit, wird sich das in Ihrem Training widerspiegeln. Mittlerweile wird es immer populärer, sich das Essen für eine ganze Woche vorzubereiten (Meal-Prep). Die meisten Menschen haben am Sonntag die meiste freie Zeit und kochen sich dann für die ganze Woche das Essen vor, füllen es in Frischhalteboxen ab und tun es bis zum Stichtag in den Gefrierschrank. Sie müssen Ihr Essen nicht gleich für eine ganze Wochen zubereiten, aber Sie können sich zumindest am Vorabend etwas für den nächsten Tag vorbereiten, damit es am Morgen nicht stressig wird.

Kurzgefasst: Morgens und mittags sollten Sie eine größere Menge an Proteinen und langsamen Kohlenhydraten zu sich nehmen. Eine Stunde vor dem Training schnelle Kohlenhydrate und bei Bedarf Koffein. Unmittelbar nach dem Training größere

Menge an schnellen Kohlenhydraten und kurz vor dem Schlafengehen eine größere Menge an Milcheiweiß.

Die Nährstoffverteilung über den Tag

Hierfür müssen Sie sich Ihren Gesamtkalorienbedarf berechnen, denn jeder Körper ist anders. Gehen wir davon aus, dass Ihr Kalorienbedarf zum Beispiel bei 3200 Kalorien am Tag liegt, sollten sie ...

- 1760 Kalorien (430 Gramm) Kohlenhydrate
- 640 Kalorien (155 Gramm) Eiweiß
- 800 Kalorien (86 Gramm) Fett

...zu sich nehmen.

Einfach gesagt: 50 % Kohlenhydrate; 30 % Fett und 20 % Eiweiß

REGEL 6 – NAHRUNGSERGÄNZUNGSMITTEL (SUPPLEMENTS)

Nahrungsergänzungsmittel spielen vor allem bei der Nahrungszufuhr nach dem Training eine große Rolle. Mit dessen Hilfe können Sie sicherstellen, dass Ihr Körper nach dem Training mit allen wichtigen Nährstoffen versorgt wird. Sie bilden allerdings auf keinen Fall den Ersatz für eine gesunde Ernährung. Es gibt Ergänzungsmittel in jeglicher Form, von Pulver bis zu Riegeln oder Gels. Von Proteinen über Fette bis hin zu den Vitaminen kann alles abgedeckt werden, weshalb die meisten Kraftsportler auch einen Vorratsschrank mit Supplementen angelegt haben. Sie bilden aber nur eine Unterstützung zur eigentlichen Nahrungszufuhr. Die beliebtesten Supplemente sind:

- Omega 3 (Fettsäure)
- Multivitamin (Nachschub für Immunsystem, gut für Muskelfunktion)
- Magnesium (Pre-Work-out, aktivierende Wirkung)
- Kreatin-Monohydrat (Pre-Work-out, intensive

Belastung über kurzen Zeitraum)

- Branch-Chain-Amino-Acids (Zusammenstellung aus Aminosäuren)
- Proteinpulver (Post-Work-out, schnell verfügbares Protein).

REGEL 7 – ANPASSUNG

Sie müssen Ihren Ernährungsplan immer Ihrem „Ist-Stand" anpassen. Aus diesem Grund bietet sich ein Gewichtsprotokoll an. Nicht, um zu verfolgen, wie muskulös Sie geworden sind, sondern um dem Zuwachs entsprechend mehr Nahrung aufnehmen zu können. Sie können bis zu 0,5 Kilogramm Gewichtszuwachs pro Woche erwarten. Erhöhen Sie Ihre Kalorienmenge um 10 %, wenn ein Muskelwachstum über zwei Wochen ausbleiben sollte. Wiegen Sie sich immer unter denselben Bedingungen und zu derselben Zeit. So können Sie Ihr Muskelwachstum genau überwachen und kontrollieren.

REGEL 8 – CHEAT DAY(S)

Es ist völlig normal, dass Sie an manchen Tagen das Bedürfnis verspüren, etwas Ungesundes zu sich zu nehmen. Der Heißhunger auf Schokolade oder Gummibärchen bzw. Süßem im Generellen ist schwer zu bekämpfen. Ein kleiner Tipp für Sie: Wenn Sie nichts zu Hause haben, können Sie auch nichts essen. Logisch, denken Sie sich jetzt, allerdings hilft es schon, beim Einkauf gezielt darauf zu verzichten, etwas Derartiges einzukaufen, denn so fällt es Ihnen natürlich auch leichter, zu Hause nichts zu naschen.

In Ihren Ernährungsplan dürfen Sie Cheat Days einbauen. Es empfiehlt sich sogar, denn wenn Sie sich gezielt an einem Tag vornehmen, ungesund zu essen, dann haben Sie erstens etwas, worauf Sie sich freuen können, und zweitens reizt es Sie, die anderen Tage nicht so sehr zu „cheaten". Die Ernährung zum Muskelaufbau ist schließlich keine klassische Diät, welche Süßigkeiten und Zucker jeglicher Art verbietet. Sie dürfen morgens Schokocreme auf Ihr Vollkornbrot schmieren. Der Cheat Day bezieht sich viel mehr auf Fast Food. Gönnen Sie sich einen Tag im Monat einen begrenzten Cheat Day, das wird

Sie auf Ihrem Weg zum Ziel nicht beeinträchtigen. Grundsätzlich sind Cheat Days zu vermeiden, da sie zu viel Fett liefern, welches nicht abgebaut und verbrannt werden kann, solange genug Kohlenhydrate zur Verfügung stehen. Wenn man es ganz genau nimmt, sind Tage, an denen Sie sich auf irgendeinem Grund im Kaloriendefizit befinden, verhindernder für den Muskelaufbau als Cheat Days.

WAS SIND SUPERFOODS?

Die eine Woche ist es Grünkohl und die andere ist es die Avocado. Jede Woche gibt es ein neues „Superfood". Aber was genau versteht man unter Superfoods?

Unter den Superfoods versteht man nährstoffreiche Lebensmittel, welche viele Vorteile für die Gesundheit bieten. Häufig wird ihnen zugeschrieben, dass sie unterschiedlichen Krankheiten vorbeugen, satt und schlank machen. Sie sind reich an Mikronährstoffen, Mineralien und gesunden Fetten. Bestimmte Lebensmittel bringen mehr Vorteile für den Körper als andere. Tatsächlich wurden positive gesundheitliche Wirkungen einiger Superfoods auf den Körper auch schon wissenschaftlich nachgewiesen. Dennoch stammen die meisten Aussagen über Superfoods von Interessengruppen oder gewerblichen Anbietern. Oft findet man Superfoods in Kapsel- und Pulverform als Art Nahrungsergänzungsmittel. Superfoods sind beispielsweise: Heidelbeeren, Kakao, Chiasamen, Kokosnuss, Matcha und vieles mehr.

DER IDEALE EINKAUF

Die folgenden 15 Lebensmittel bieten viele Proteine und Kohlenhydrate und sollten bei Ihnen zu Hause auf jeden Fall adaptiert werden, um den Muskelaufbau anzuregen:

1. Eier
2. Brauner Reis
3. Vollkornnudeln
4. Naturjoghurt
5. Magerquark
6. Mozzarella
7. Hühnerfleisch
8. Weizenbrot
9. Tofu
10. Kidneybohnen

11. Haferflocken

12. Rindfleisch

13. Lachs

14. Thunfisch

15. Körniger Frischkäse.

Ihr idealer Einkauf sollte darin bestehen, dass Sie sich am besten vor der Woche und vor dem Einkauf schon Gedanken machen, was es die Woche über zu essen geben soll. So vermeiden Sie den Kauf von Lebensmitteln, welche Sie eigentlich nicht bräuchten.

WAS, WENN DAS MUSKELWACHSTUM AUSBLEIBT?

Natürlich lässt Ihre anfängliche Motivation schnell nach, wenn Sie merken, dass kein Erfolg in Sicht ist. Kontrollieren Sie sich selbst und stellen Sie sich diese Fragen, um herauszufinden, warum Sie keine Muskeln aufbauen:

1. Trainiere ich regelmäßig und abwechslungsreich?

2. Lasse ich meinem Körper genug Zeit, um sich zu regenerieren?

3. Ernähre ich mich ausgewogen und befinde ich mich im Kalorienüberschuss?

4. Nehme ich genug Eiweiß zu mir?

Können Sie alle diese Fragen mit einem Ja beantworten, wird Ihr Muskel auch weiterwachsen. Bis Sie Ihr genetisches Limit erreicht haben, müssen viele Jahre vergehen, in denen Sie sich kontinuierlich nach diesem Plan richten und alle Bedingungen erfüllen.

LECKERE MAHLZEITEN

Frühstück

- Overnight Oats (ca. 600 kcal)
- Müsli Bowl (ca. 700 kcal)
- Proteinshake (ca. 400 – 600 kcal)
- Gefülltes Omelett (ca. 500 kcal)
- Quinoa-Bowl (ca. 750 kcal)
- Protein-Pancakes (ca. 650 kcal)
- Vollkornbrot mit Rührei (ca. 500 kcal)
- Bananen-Porridge (ca. 550 kcal)

Mittagessen

- Wraps mit Lachs (ca. 600 kcal)
- Kichererbsen-Nudeln mit Lachs (ca. 700 kcal)
- Spinat-Brokkoli-Pasta (ca. 650 kcal)
- Linsensuppe (ca. 600 kcal)
- Salat mit Quinoa (ca. 600 kcal)
- Vollkornreis mit Hühnchen (ca. 750 kcal)

Abendessen

- Süßkartoffel-Lachs-Auflauf (ca. 580 kcal)
- Dinkel-Pizza mit Parmaschinken (ca. 900 kcal)
- Kartoffel-Hackfleisch-Eintopf (ca. 460 kcal)
- Hähnchen-Curry (ca. 860 kcal)
- Hähnchenspieße mit Salat (ca. 650 kcal).

20 GOLDENE REGELN FÜR SIE

1. Seien Sie konsequent.

2. Geben Sie nicht auf.

3. Trainieren Sie alle Körperbereiche.

4. Achten Sie auf Ihre Technik.

5. Ernähren Sie sich ausgewogen.

6. Trainieren Sie progressiv.

7. Lassen Sie keine Mahlzeit aus.

8. Ohne Trainingsplan kein Erfolg.

9. Setzen Sie sich neue Trainingsreize.

10. Gönnen Sie sich mal was.

11. 50 % Kohlenhydrate, 30 % Fett und 20 % Eiweiß.

12. Ihr Mindset bestimmt Ihr Training.

13. Atmen Sie kontrolliert.

14. Vermeiden Sie emotionales Essen.

15. Wärmen Sie sich auf.

16. Lassen Sie Ihren Körper regenerieren.

17. Seien Sie geduldig.

18. Trainieren Sie regelmäßig.

19. Trinken Sie genug.

20. Haben Sie immer Ihr Ziel vor Augen.

ERFOLGE FESTHALTEN

Neben Ihrem Trainings- und Ernährungsplan sollten Sie darüber nachdenken, sich eine Art Tagebuch anzulegen. Sie können darin Rezepte niederschreiben, die Ihnen besonders gefallen haben, oder Trainingserfolge notieren. Halten Sie Ihre Erfolge fest, damit Sie sich immer wieder aufs Neue motivieren können. Es wird Ihnen auch langfristig dabei helfen, Ihren Fortschritt zu erkennen.

Schlusswort

Dieser Ratgeber zum Thema Ernährung zum Muskelaufbau hat Ihnen nun genügend Grundwissen vermittelt, damit Sie in Ihren neuen Lifestyle starten können. Folgende Dinge möchte ich Ihnen noch mit auf den Weg geben:

Sollten Sie neu in das Thema Kraftsport einsteigen, lassen Sie sich als Erstes von einem Arzt durchchecken (altersunabhängig), um Erkrankungen und Allergien auszuschließen. Eventuell müssen Sie mit Ihrem Arzt aufgrund einer Verletzung oder sonstigem Ihr Training vorher abstimmen. Bei aller Disziplin, die Sie an den Tag legen werden, bleiben Sie entspannt! „Viel hilft viel" ist hier nicht das passende Motto. Sie dürfen sich selbst nicht unter Druck setzen und müssen geduldig sein. Arbeiten Sie von Tag zu Tag und Schritt für Schritt. Gönnen Sie sich und Ihren Muskeln die notwendigen Pausen und halten Sie Ihr Stresslevel niedrig. Sie können nicht alles selbst wissen und sich selbst beibringen. Lassen Sie sich helfen und fragen Sie nach. Konzentrieren Sie sich auf Ihre Technik und Energie. Und zu guter Letzt: Haben Sie Ihr Ziel erreicht, hören Sie nicht auf!

Ich wünsche Ihnen viel Erfolg auf Ihrem Weg!

Herstellung und Verlag:

BoD – Books on Demand, Norderstedt

ISBN: 9783752691856

© Thomas Rösing 2020

1. Auflage

Kontakt: Psiana eCom UG/ Berumer Str. 44/ 26844 Jemgum

Covergestaltung: Fenna Larsson

Coverfoto: depositphotos.com